REFLECTING ON REFLECTIONS
AND OTHER POEMS

REFLEJOS Y REFLEXIONES
Y OTROS POEMAS

Reflecting On Reflections
And Other Poems

Reflejos y Reflexiones
Y otros Poemas

Moisés C. Florián

Translations by the author
in collaboration with Alison Dent

© Copyright, 2005. First published by:
Anaconda Editions Ltd
84 St Paul's Crescent
London NW1 9XZ

The right of Moisés C. Florián to be identified as the author of this work has been asserted by him in accordance with the Copyright, Designs and Patents Act 1988

LEGAL NOTICE
All Rights Reserved. No reproduction, copy or transmission of this publication may be made without written permission, in accordance with the provisions of the Copyright Act 1956 (as amended)

Cover illustration by Moisés C. Florián ©

Cover design by Olga Fedina ©

A CIP catalogue record for this book is available from the British Library

ISBN 1 901990 02 8

Acknowledgements / Agradecimientos

I should like to thank several good friends and people, but specially those who have supported me throughout the translation, editing and publication of this book: Alison Dent, Tom Chessman, Olga Fedina, John Maher, Concha Merino and Beverley Daley; the Bunnetts, the Brooks and the Fredrickssons. And also the following organisations: Embassy of Peru in the UK and English-PEN.

To them, and other people I am not mentioning here, my eternal gratitude.

About the author/ Sobre el autor

Moisés C. Florián was born in Peru, in 1960. From 1984 to 1990 he studied Fine Arts in Trujillo and Huaráz, Peru. From 1991 to 1994 he travelled across Germany, Austria, Switzerland, and Italy, where he lived, studying painting, murals and ceramics for two years. In 1995 he moved to England, where he studied more art, and also became an Art Tutor, a Translator, and a Library Assistant. In 1997 as well as in 2004, he has been published in two Latin American Anthologies, in London. Also in 1999, he published his poetry book, "Caosmos"(Zero's Publishers, London), which has been translated into Romanian language, and published in Bucharest by Dacia Publishers, in 2002.

He writes poetry, short stories, and drama. Some of his poetry has been published in Spain, England, Romania, USA; and one of his plays is going to be shown in the UK later this year. He also writes for the literary magazines 'Empireuma' in Spain, 'Mundo Latino Americano' in Italy; and 'Noticias Latin America' newspaper, in England.

Este autor nació en Perú (1960), studió Bellas Artes de 1984 a 1990 en Trujillo y Huaráz. De 1991 a 1994 viaja por Europa, radicando y estudiando murales y cerámica en Italia por 2 años. Desde 1995 vive en Londres, donde estudió para profesor de arte, intérprete/traductor y bibliotecario. Tanto en 1997 como en 2004 ha sido publicado en dos "Antologías Latinoamericanas" editadas en Londres. En 1999 publica su poemario "Caosmos" (Zero's Publishers), libro que fue traducido al rumano y editado en Bucarest (Editura Dacia) en el 2002.

Escribe poesía, cuento y drama. Sus poemas han sido publicados en España, Rumania, Inglaterra y USA; y uno de sus dramas será mostrado en Inglaterra durante este año. Además, escribe para las revistas literarias "Empireuma" de España, "Mundo Latino Americano" de Italia; y para el periódico "Noticias Latin America" de Londres.

Preface/ Prefacio

MOISÉS C. FLORIÁN: MIRROR TALK

Moisés Castillo-Florián is a poet from Peru, now living in London. He writes in Spanish and Alison Dent has collaborated with him splendidly on most of these translations.

The title of his book is *Reflecting on Reflections and Other Poems*, and he explores every facet of his title. Ever since Narcissus fell in love with his reflection poets have used this subject matter. Of course, myths are hyperbolic and one would expect Moisés C. Florián's poem to be such. But in this long reflective meditation one sees his concentration on the pause, the emptiness, (mirrors are so often empty) – 'mirrors and mirages don't often notice me.' Moisés C. Florián works with mirror images in our 'rectangl'oval faces'. He asks the mirror itself to : 'Hug me tight and smile,' ignoring the 'pauses of my crying-laughter', thus hinting at the great Russian tradition of 'laughter through tears'.

When Moisés writes: "Thus: the Poet decides to walk To say To unwalk..." Why do I so like even the structure of these ideas, especially the powerful "unwalk". It is as though, contrary to Greek myth, Castillo-Florián is suggesting that one can look back (and behind one in the mirror), one can erase past footprints: that on reflection life can be turned into a song, a poem and that the everyday mirror reflection is closer to poetry than camera or film. The rhyming refrains (and rhyme itself is a mirror) seem necessary to the form.

The mirror often reflects more than one person, but at times we cannot be sure whether 'the two of us', you and me, are the poet and his reflection. Moisés C. Florián is very good at pairing words, but his boldest and most innovative combination is the 'amorous Cupid-Narcissus of love'. Moisés says: 'I look and look at you.../ because in this way/ I can observe myself too'. This is an honest appraisal for a poet as is his statement to a beautiful waitress: 'stop/ showing me your diva-like legs'. Here is a poet who is not a voyeur but an engaged observer, not Narcissistic but reflective.

The poems are set in England but Moisés has not smashed the mirror that reflects his homeland. A second language mirrors the first in translation. It has been noted that different emotions can often be expressed even better in a second language.

And on the *And Other Poems*... 'Poetical River' and 'I Know...' deal in a novel way with loci classici of poetry: the river, the Tower of Babel, the bridge, 'the difficult, though not impossible dream' (only an echo of the musical Don Quixote of La Mancha), the silvery horse. 'Reflections' seems to be a useful epilogue to *Reflecting on Reflections*: 'Close to us, lives anxiety/ and the mystery of solitude' is the aloneness but not loneliness that poets and reader search for. In 'Reading Kierkegaard' Moisés C. Florián with his 'swallows of memory,/ swimming as they fly,/ in the rivers of my soul' (and also in other poems), seems to be giving surrealism a mischievous tweak into the reader's subconscious. This is all startlingly new, rich poetry. In any event, I'd like to welcome Moisés C. Florián into English poetry and congratulate him and his co-translator Alison Dent on a clear mirror to reflect on.

Richard McKane
Poet and Translator
January 2005

Author's words

It is not easy to talk about oneself... Though because of an ethical need and aesthetic position I have to do so. I believe, since the publication of my poetry book *Caosmos* (London, 1999), I have been talking about the universality of poetry (a sort of "caosmic poetry", as some colleagues in Spain are saying of it), proposing what we could call "a necessary recovery of –lesser known – Andean-Hispanic American poetry", in order to honestly reintegrate it into the mainstream and recognised literatures, be they Spanish, English, etc. A kind of sincere reconciliation between the "dominated" native tongues and the "dominant" or imposed ones.

Andean-Hispanic poetry would mean the poetry, in Spanish or a native tongue, or both, produced across the Andean countries of South America (or by native poets abroad), where aboriginal languages have an important influence not to be denied any longer: e.g. Quechua (Inca), Aymara, Mapuche and Guaraní, among other tongues in the Amazonian area and Central America as well. But, specially the Quechua language which still widely spoken in Peru, Ecuador, Bolivia, Chile and Argentina.

I am not proposing a return to the Inca times, or to those of Indigenism, or a new kind of nationalism. My proposition is strictly a poetic one. Vallejo, Arguedas, Neruda and Jesús Lara, among others, have already talked about this latent topic of our Indo-Hispanic nations, but I'd like to go further, proposing what I would call, the concept of "The Andean Muse"; which could expose me to some criticism. Even though, I decided to do this about three years ago, after coming across the great Quechua poet (and liberator fighter), Juan Walparrimachi Mayta (Potosí, Bolivia, 1793–1814), and recently, the poetry of the Aztec-Nahuatl king Nezahualcóyotl (Texcoco, Mexico, 1402-72), among other literary works such as "Ollantay" and "Popol Vuh"...

If in the *Caosmos* poetry I intuitively raised some issues about this topic, now in *Reflecting on Reflection and Other Poems* I am aware of it. Throughout the book we can find verses and allusions about "the Andean poetry and muse", amid the well-known themes of contemporary poetry. I am preparing a paper about this "new" concept, believing it is a historical need; not to look for competitive advantage, but, seeking some convergence, toward a much richer, positive and parallel dialogue between the tongues involved. And convinced that, Andean poetry – together with music and drama – was very important in ancient times as well as nowadays; and surely, it will be even more so, in the future of our American Continent.

The linguistic and literary importance of Spanish and English languages is not in any doubt these days; however, the Quechua and other "dominated" tongues have the need to "reflect and meditate" among them, searching for a reconciliation with the "dominant" ones, in order to carry on walking the mixed and parallel road, the literary cross they have to bear together. There is no other path. We have decided to sail across, casting our nets into the waters... A proposal is being made; hopefully, a positive debate as well.

Finally, to the readers, I'd like to suggest that this – passing strange – book might be read as a music score (like Mozart's music or "El cóndor pasa", perhaps), for the readers to reflect on it as well. For instance, in some of the pauses, the reader could rest, as if on holiday or singing in a choir. Also, you may "describe" invisibly and spiritually, filling in the blank pauses, your feelings and thoughts if the poetry inspires you to do so.

Moisés C. Florián
London, January, 2005

Palabras del autor

No es fácil hablar de uno mismo... Mas debo de hacerlo por necesidad ética, y por posición estética. Creo que desde la publicación de mi poemario *Caosmos* (Londres 1999), he venido hablando de la universalidad de la poesía (una forma de "poesía caósmica", como dicen por España) y, en cierta manera, proponiendo lo que podríamos llamar "una necesaria recuperación –de obras menos conocidas- de la poesía andino-hispana", para una sincera reinserción dentro de la literatura culta y reconocida, sea ésta el castellano, el inglés u otra lengua europea. Una especie de honesta reconciliación de las lenguas llamadas "dominadas", con aquellas impuestas o "dominantes". Poesía andino-hispana, sería la poesía, en español, alguna lengua nativa, o incluso las dos, que se escribe en los países del área andina de Sudamérica (o por poetas nativos en el extranjero), donde las lenguas madres aborígenes tienen una influencia innegable: el quechua, aymara, mapuche y guaraní, sin negar otras del área amazónica y Centroamérica. Sobretodo el quechua, que aún se habla en vastas áreas del Perú, Ecuador, Bolivia, Chile y Argentina.

No estoy proponiendo retornar a los años del Incanato, del Indigenismo, ni proponiendo un nuevo nacionalismo... Mi propuesta es poética, desde la inspiración en mi alma, hasta la comunicación en el libro. Vallejo, Arguedas, Neruda y don Jesús Lara, entre otros, han tocado este tema latente de nuestra realidad Indo-Hispano-Americana; pero yo quisiera ir un poquito más allá, proponiendo lo que daría en denominar, el concepto de "La Musa Andina". Lo hago, quién sabe, exponiéndome a las críticas; y decidí hacerlo hace unos tres años, cuando tuve la suerte de conocer la importante obra del gran poeta quechua (y libertador), Juan Walparrimachi Mayta (Potosí, 1793-1814), y hace poco, la obra del poeta y rey azteca-náhuatl Nezahualcóyotl (Texcoco, 1402-1472), entre otras, como el "Ollantay" y el "Popol Vuh"...

Entonces, si en "Caosmos" toqué este tema intuitivamente, en *Reflejos y Reflexiones y otros Poemas* lo hago con más conocimiento de causa. A lo largo del libro se podrán encontrar versos y alusiones a "la poesía y musa andina", insertados dentro de los temas universales de la poesía contemporánea. Preparo un ensayo sobre el "nuevo" concepto arriba citado; creyendo que es una necesidad histórica; no con el fin de competir, sino con el de converger, hacia un diálogo más rico, positivo y paralelo. Y, convencido, de que la poesía -junto con la música y el drama- andina fue y es muy importante para los pueblos de nuestro continente; y lo será, mucho más en el futuro.

El castellano y el inglés, pueden estar tranquilos; su importancia lingüística y literaria están aseguradas. El Quechua y otras lenguas andinas "dominadas", necesitan "reflejarse y reflexionar" para reconciliarse con aquellas "dominantes", y proseguir el camino mixto y paralelo, la cruz literaria, que la historia les ha encargado sobrellevar. No hay otra salida. Hemos decidido navegar y echar las redes al mar... La propuesta ya está hecha; y espero, el debate constructivo, también.

Finalmente, quisiera agregar, que este libro algo "raro", se podría leer como una partitura musical (cual música de Mozart o el "Cóndor pasa", quizás), con el fin de ser meditada y reflejada por los lectores también. En cada pausa, se podría descansar, como cuando uno canta en un coro, o va a peregrinar. Incluso, en cada pausa en blanco, el lector puede "describir", llenando invisible o espiritualmente sus ideas y sentimientos que el poemario le despierte.

Moisés Castillo Florián
Londres, enero, 2005

Quotations/ Citas

–An unreflecting mind is a poor roof…/Better than a thousand hollow words,/is one word that brings peace… (Dhammapada)

–Poetry is an orphan of silence. The words never quite equal the experience behind it. (Charles Simic)

–The most beautiful thing we can experience is the mysterious. (A. Einstein)

–The job of the artist is always to deepen the mystery. (F. Bacon)

–Everywhere I go, I find that a poet has been there before me. (Sigmund Freud)

–The function of the creative artist consists of making new laws; not in following laws already made. (Ferrucio Busoni)

–Art is an act of the soul… Let us form constellations of 'believing mirrors' and move into our powers. (Julia Cameron)

–Works of art are of an infinite loneliness and with nothing to be so little grasped as with criticism. Only love can grasp and hold and fairly judge them. (Rainer M. Rilke)

–Silence itself is defined in relationship to words, as the pause in music receives its meaning from the group of notes round it. This silence is a moment of language. (J-P. Sartre)

Contents / Contenido

Acknowledgements/ Agradecimientos…

About the author/ Sobre el autor…

Preface/ Prefacio by Richard MacKane…

Author's Note/ Palabras del autor…

Quotations/ Citas…

Reflecting on Reflections…   1

Reflejos y Reflexiones…   29

And Other Poems / Y Otros Poemas…   57

Notes…   85

REFLECTING ON REFLECTIONS...

"The soul,
Forever and forever – longer than soil is brown and solid – longer than water ebbs and flows …

… On my way a moment I pause,
Here for you! and here for America!…

The red aborigines,
Leaving natural breaths, sounds of rain and winds, calls as of birds and animals in the woods, syllabled, to us for names …"

(Walt Whitman, *Leaves of Grass*)

Still …
I am not sure if you're my reflection
or perhaps I am yours
Not yet …
        Will Poetry
who knows many things
tell us?
Do you think She will know?

Pause? …
(For the flowers of Kew Gardens and the stars above
Richmond get themselves protected against this baby
winter of 2001 …)

Pause … Blank letter-less pause? …
No words … White void … Blank? …

May the pauses and empty
pages make a toast to long life
in a complete whiteness?!

For the Wholeness
and the Nothingness…
of this "blessed" poem
                Feel it … Read it
without thinking of letters
                Think about it
in pure musicality
and spatial emptiness…

To think! To feel! To live!
As if each vacuum-pause
between cause and effect
is an invisible poem made out
of the plentifulness of Life

(Novel rhythms…in creative voids…
Is it the poetry's old voice
which pretends to be dead
in order to be reborn?)

        For a few memorable seconds
        minutes… pages… lines …
        of these sheets stained
        by whiteness too…
        Let's leave a pretty page
        emptied of ethereal verses
        (If only the editors and public
        would love this utopian thought
        it'd be poetry of the void!…)
        Invisible verses clothed
        and naked only with light
        and "Nadaísmo" & "Naught-ism" [1]

-2-

Ordinary and cosmic Mirror
are you looking at me?
From in front I observe you
From the side I feel you …
You are glancing at me
and with our squar'ovoid faces
we observe each other

Walking … Returning … Passing by
among many people and trees
and the 'Down the river' lights …
What lights are
London's half-lights!

The people The persons …
(mirrors of God and the gods?)
Our vast human brother-sisterhood

      Dear great public!
That universal audience …
Mirrors and mirages
who often wouldn't notice me …
Instead they reflect myself
Thus we reflect and reflect each other
We love and forgive one another

     Our daily bread is finishing
    My tea is getting (ill) colder …
  I order from the waitress soy milk
     vegetarian or dead meat
   Bad preserves free of course!

Listen waitress!: please serve me
GM free and warm … And stop
showing me your diva-like legs
For God's sake!

Hug me Mirror with a human embrace
that is not made only of glass or clay
(in order not to see just our solitude)
Please hug me tight and smile
(do not pay attention to the pauses
of my crying-laughter …
These cascades I cannot stop myself!)

Let's embrace and kiss each other
as everybody passes by …
      And passes by…
In their British hurry they hardly notice
these tired eyes and steps of mine …
Seeing … Walking … And re-walking …
As they never did it before?

> "Walking singer-writer of the Path …
> There are not roads fallen from the sky
> We made them by treading
> And singing on them"

Thus: the Poet decides
to walk   To sing   To un-walk …
among the peoples' footprints
in Richmond & Clapham's chilly nights
Thus: it is that
I look at and ponder over you …
Because in this way I am
able to observe myself too
Living among thousands
of eyes and stars and steps
full of countless pathways …

Pause …
(In order to watch the stones and mirrors and voids? …
Also the verses and hopes of this long road made of
many many roads? …)

-3-
Today you're showing me a Poet
reflecting on reflections
                        Let's suppose
that Poetry and also Painting
can be made and unmade of
vacuums and silences too …

Is perhaps the poet simply poetry
made of orphic revelry and muteness?

(Even in her/his mundane screams
there are poetic pauses as well …
In his/her utterance and mute sorrows
there are old cupids silently hurt …)
                                Anyway…
Shall we ask Dr Warth to explain it?
Charles?… Christian?… Yes him!
The aesthetic doctor who fancies
the *Non-finitos* of Michelangelo
and Bacon's *Naught-ism* …

He who visited Peru:
"I went to see
another freedom ...
I was another doctor
in Lima and Cuzco
I believe I was
a gringo shaman
in the Inca land ..."

Thus he tells me... The person
who transforms the ugliness of those
who were pretty "once upon a time" ...
Inside his house-gallery in Kew Gardens
and in the sick and badly run hospitals
Using angel-devilish plastic surgery
with his humane personality ...

Pause ...
(Shall we have a break gentle Doctor? ...
Yes! let's have a long one... Like dear Love does
A wonderful silence of silences ... And let's meditate
on the flames and ashes of all memories ...
But for how long dear tragicomic Pain?...)

-4-
"Poetic mirror on the wall!…
And mirages of the World!"
Are you the reflection I want?
Large uncertain and small …
Dramatic mask and empty glass!

Urgent news!
Among delusions and realities:
Are "The Mirror" or "The Times"
reminding us of today's *chaosmos*?
"Some Beatles talk about the
odd nirvana-dream of George
who still is singing nursery rhymes
for the sweetest Lord Krishna …"
"For I desire no victory Hare Krishna
Nor kingdom nor pleasures…
What is a kingdom to us Hare Rama?
What enjoyment or even life?…" (2)

Hare Buddha... Hare Jesus ...
Hare hare people's shamans!...
Hare hare poets and creators!
Hare hare anonymous
Chéguevaras and Jesuses!
Hare hare fullness and void!

Let someone read the skin-like pages
of an old daily newspaper ...
Let's open the news' leitmotifs
like virginal flowers and undines
Let's open it courageous courage!

                ABRACADABRA!
                let's open them!
                SESAME! SESAMO!
                let's open it!

Was I dreaming of mirages
when Diana died? ... No!
She didn't wish to die
Only to sleep...
pulling petals off the flowers
and rewriting letters of love
for her royal suffering ...
Is it true she only sleeps and dreams
or she never died like mortals do?

(Allah believes that she still smiles in a certain
Buddhist sky ... Among the children and the poor)

Does she still hunt hopes and butterflies
amongst humans and divinities?
                              Someone …
from the "Tavern 21" tells us:
"What if the lonely and lovely princess
could have written verses from her soul?"

Pause please!…
(So the Poet can dry his poetess-like tears
And he can wear a mask to smile with it …
To weep and laugh with the mask's eyes and lips)

-5-

I can see myself in front of you
as you look at me sideways ...
In your otherness reflection
I see that person who is myself
(probably the one with no name)
Toward your crystalline body
I close my lips to kiss
my own mouth ... And thus
those carnation dear lips
of my beloved one
Do you think: she still
loved me... And will
unconditionally love me?

        Anxious and hazardous fire!
        Would you calm down this lyre
        made of life and glass?

Pause?... Or note?
Half pause ... Half melody ...
Of course! Tiny or huge
silent briefness ... Interlude...

To ask if Socrates and Plato would
understand these timeless chants ...
It is fine and I'll be so pleased
if Diogenes and my people's
Shaman understand them ...
(*"Fiuuu ... Fuiii ... Fiuuu ... Fuiii ..."*)
Those whistles from the *Wakas*
used to be such a magical sounds!
And the Andean condors and those
Pachamama's children from Peru (3)
(*"Fiuuu ... Fuiii ... Fiuuu ... Fuiii ..."*)

What real magic cantos I still hear myself!

       -6-
In your motionless time-space
semi oval-square or shapeless ...
I glimpse many faces
in front and behind my own
(How innumerable they are!)
Known ... astray ... unknown ...
For each face of mine I can see
hundreds and hundreds of yours!

Risen faces and masks fully alive
and who knows: half dead ...
Rows and rows of them
filled with more glances and masks

(Some of them are smiling with their
passion and pain … As my mother's
and Mona Lisa's faces do …
Yes! as these 2 in 1
special muses actually do!)

Mirror-Mirage: stage of the World…
Don't be an oval shaped form
nor even an abstract geometry
                    Be more than that:
A life reflecting Universe
A dimension where I observe:
how humankind dresses
how divinity undresses …
in my clothes and my verses

Perhaps in this way
we can better foresee
the ethos and the pathos
and the aesthetic pathways…
of our tragicomic existences?

Pause…

(N… e… c… e… s… s… a… r… y… ?)

-7-

Let us see human Mirror …
Let us observe each other
reflecting and speculating at
the mysterious beauty
of our ontological flesh…
And sailing and moving toward love
And crying with passion and pain
under sheets of illusion
and impermanence…

Come on Ladies and Gents!
We should better have a pause …
A long and pretty one………….
For the end and the beginning
of this ancient New Year
made of Christmas trees
and cakes and dreams of peace
(Among hatred and double terrorism!)

For which anniversary?…
For that birthday of the very first
instant when the mother-father Universe
gave birth to their children Verses

So the pause? …
(Certainly! … Just to feel that the Universe
is a huge mirror made of finites and infinites …
Which never stops being born… and dying too)

Face of mine ... Real face of us:
Don't be only a fleshy mirror or mirage
Please! be a continuous meditative
poem... And book of life
Reflecting the hopes and visions
of my brothers and sisters:
Our paradoxical Humankind!

    -8-
Riding upon amorous Love ...
Toward the mirrored World we go
We are One ... Two in One
crystal and nakedness
                       flesh and void ...
Are we just an Androgynous being
sailing on the sea of passionate love?

Outside are hanging the stars
The coming Christmas lights
The New Year that will pass ...
and pass ... Everything
–almost everything– is reflected
in the great Mirror's inner world
(That emptiness full of silences
and echoes I am versifying about)
But so little... Very little
of the promises of gentle Love

                    Everything…
–almost everything– is now reflected:
our faces and the starry night
between the two of us: You & Me
(between the uniqueness of Us)
Our bodies so exhausted
and always entwined
with what we call: *"Ah Love"*...
Amorous Cupid-Narcissus so beloved
teach us not to wear masks of hatred!

Another pause?..
(Just to watch our beauty and also our ugliness…
And to see how it carries on undressing and undressing
the nude nakedness…)

But it is just despair-passion ...
Yes and No!: bodies and faces
weepy eyes full of desperation ...

One part of the Androgynous
dresses up and leaves ...
The other part still goes on
undressing and undressing ...
                      While rainy
and crystalline tears are falling into
oceans of hope ... Hoping that
one day the other beloved part
will come back once more
And will never leave again...

       –Maestro let us play cosmic music!:
       Andean and popular!...Let us play it!
       The poetry and music of that
       Peruvian waltz: *"Everybody is coming
       home..."* Will everyone return?

Uncertain certainty ...
Hopes like butterflies
and falling leaves ... From the
just arrived old New Year!
Which is always passing by ...
And coming back...
Will you welcome me
oh pilgrim and passer by?

17

-9-

In front of this body-mirror
and face to face with it ...
I'm wearing your fire bright dress
Pretty and memorable cloth
(2 colours in 1: alive! alive!...
That will never pass away! away!)

In my mirrored-body I can see you
reaching me You in me: My Self?
In my eyes you are hiding to weep
for this difficult love affair
For the pain of Romeo and Juliet
and of *Coullur* and *Ollantay* (4)
For the passion of your
golden nakedness and hair ...
I love so much the colours of your soul!

Pause? ...
(No!.. Let's have no break in this New Year's gleaming
celebrations ... Of firing shadows behind the Mirror ...
And the quixotic intermezzos around my poesinging ...)

The verses of Federico and Walt
and of Sappho and Rabindranath...
do not undress in vain?
No one mortal or immortal
dresses or undresses in vain!
Nothing was... is or ever shall be in vain
(My dear body is a reflection of yours
because you never undressed in vain)

Pardon me the cacophony's affair
hidden within my verses

Oh glassy and fleshy creatures
who does not reflect in vain!
Oh lunatic lunar Moon!
Nude and sibylline up there!:
Are you a mirror of the solar beauty
which doesn't reflect in vain either?

        -10-
We must always give thanks
be forever grateful …
For what we have been given
and what we are not receiving
Be thankful for Life's many gifts
Out there the snow is shining
like a huge mirage of whiteness …
Oh plenty and empty page where
Life writes everlasting tunes!

        Prana-breathing … Medita-praying …
        Orthodoxy Change Stagnation
        Change … Dialectic interchange
        Let's not write and breathe
        dogmatisms and uncertain poetry …

Pause? Call? Note? …
(In order for us to dress up with rainbows and silks
To breathe and inspire the new Poetry's air/light…)
Short pause … A tiny one or…?
Short note … A little bit please…
Short call … A bit not too petit please…

Poem-Mirror-Page:
Snow and fire of a New Age
Life reflected in my atoms
                     and in my eyes
And through them in the Mirror
which in turn reflects all the poets
and their ghostly immortalities
during this sleepless interlude…

-11-

The Poet watches how the Sun
is painting with fanciful golden
the wintry greys of England...
(and those from El Dorado land)
Oh vision lost in the Nowhere!
These walls need some glamour
and soothing colours as they
are white hollows... Everywhere!

Poetical Mirror-Stage:
the Poet disguises himself
with new paintings...
Adorning himself with
timeless colours and poems
In order to mock at Mr. Fear ...
                    The renewed Poet
will destroy by fire and transmute
this bloody Fear!

Among verses fireworks and incenses
Day of jubilation: What a poem are
the mirrors and reflections of these days!

The *daimons* of Poetry are nice fellows
They're angel-gnomes at the same time!
Alecs (5) falling from the Andean heavens
filling up the vacuums of these days...

Pause please! ...
(To breathe in those primordial words and winds
from Machu Picchu... And Stonehenge as well)

-12-

Between the mirror and the window
another great Mirror reflects
with all its creatures and stars …
Thus I see how winds and clouds
come and go from my Continent…

Mirror-Window akashic reflection:
Show me America– 'Amoria'
and the land of my birth please!…
Cajamarca of *Atahualpa* and the
"viracochas" from Spain…
Trujillo of the *Mochica* pyramids
In my dreams the adobes of *Chan-Chan* (6)
are being born again and again …

Oh! if Cuzco's enduring stones could speak
they'd tell us the lost history
of their roots and humanity …
Farmers workers and mums:
would the old *Amautas*
and new *Quipucamayocs* (7)
come to recognise themselves
in my rainy and visionary eyes?

Pause in verse?...
(Just to murmur within our hearts:
"Amid the cold winters of London ... A great
Peruvian Sunlight is burning and cheering me up")

          Only breaks and rests ...
          Intervals and interludes...
          Only these spatial words
          and oasis of musicality...
          know how to make
          post-modern poetry?...
          And also: Andean *poesis*?

*"Qoyllúrpaj Inkan
Inti yayanchis
Chujchan mast'arin
Pájpaj chakinman ..."* (8)
(The king of heavens/And our father Sun/
Stretches his long hair/Towards his own feet ...)

Sun: suns of Yucatán and Potosí
Enlightened mirror for the world
where still we're being born:
in which star of my "Caosmos" is the
Poetry's immortality born and reborn?
Sun of love ... Light of life
'Sleeping beauty' in my heart

                    Poets and Poetesses:
let's learn from Nature's symphony
Allow the rain and the trees
and winds create poems too ...

Poets from Southern Earth:
let's watch your reflections with my eyes
and talk and sing with my voice
Waste illusions ... Love made of clay
Reflecting and reflections
made of Penance and Poesy...

-13-
Goddess and God… God-dess:
Does S-he reveals
–as S-he actually is–
reflecting Her-Himself on Us
heirs and mirrors of
creative and evolutionary Life?

On the anxious trees and winds
the freed birds are singing:
"If there is an invisible deity
He or She should be the atoms
of real Justice and Liberty …
Never statues or holy wars"

Is God-dess perhaps the most liberated
Human Being of the whole Universe?

Why is it that the immortal Bards
confide us their mirrors and visions
in fleshy and bony verses and thoughts?
The shaking Shakespearean poetry
(And the master-muse behind it)
And the Others as well!…
Mortal and immortal at once
Known and anonymous: Vates…
Troubadours and… *Haravecs* (9)

        What about the lyric-epic poetry
        of Juan Walparrimachi Mayta…
        and the freshness of Nezahualcóyotl?(10)
        And of the authors of great "Ollantay"

and of lovely "Popol Vuh"?... (11)
What happened and what will happen
to them? What?
(Backwards... Towards... To Orpheus...
Towards the first shaman poet-poetess
of this World-Mirror-Word stage...)
Beloved Andean Muse answer me:

Has poetry neither beginning nor end?

Pause and peace?...
(There aren't pauses anymore ... Only spiritual
Emptiness and Peacefulness while feeling the reflections
                                  ... And meditations...
And inspirations of this poem with no end...)

The outer life is just the inner one?:
'As above ... so and not so below'
'Each cause... stepmothers an effect'
(And blab... blab... blab... blab...)

Every glance is a human mirror
Each mirror is an open book
a poem-prophesy to be revealed
from the soliloquies of Solitude ...
Where my polyphonic voices
and concave and convex eyes
are searching for themselves
                    as never before ...

Thus... I am learning how
I am a regained Human Being
A Dionysian angel lost in my own
poetic hells and labyrinths
Thus... I am discovering

new waste and fertile lands
Where to seed our "Pacifier Flowers"
(the most Humane and Needed Peace)
Even though there is coldness
in Winter as in Summer
(calling out the golden pastures
of Britain… And new mirrors
of timeless Spring)
In and around this Londoner *chaosmos*

Still …

(London, winters of 2001 and 2005)

REFLEJOS Y REFLEXIONES...

"...A vosotros mi lengua no debe ser extraña.
Soy un hijo de América, soy un nieto de España...

...Los áureos sonidos
anuncian el advenimiento
triunfal de la Gloria;
dejando el picacho que guarda sus nidos,
tendiendo sus alas enormes al viento,
los cóndores llegan. ¡Llegó la Victoria!...

(Rubén Darío)

-1-

Aún…
No estoy seguro si eres mi reflejo
o quizás yo soy el tuyo
Todavía…
    ¿La Poesía
que comprende tantas cosas
lo dirá?…
¿Ustedes creen lo sabrá?

¿Pausa?…
(Para que las flores del Kew Garden y las estrellas de
Richmond se abriguen del frío de este bebecito invierno
del 2001 que volvió…)

Pausa pausa… ¿Sin letras en blanco?…
No palabras… ¿Tan sólo vacuidad?…

¡Qué vivan y beban las pausas
y páginas vestidas… de blanco total!

Por el Todo y la Nada…
de este "bendito" poema
Sentidlo… Leedlo sin letras
                            Pensadlo
en notas de pura musicalidad
y vacío espacial…

¡Pensad! ¡Sentid! ¡Vivid!
Como si toda pausa-vacío
entre el efecto y la causa
es un poema invisible salido
de la Vida y su totalidad...

(Nuevos ritmos... en vacíos creativos...
¿Es la vieja voz de la poesía
que se hace la que muere
para volver a renacer?)

        Por unos inolvidables segundos
        minutos renglones carillas...
        de estas hojas teñidas
        de blanco y nada total...
        Dejemos una hermosa página
        vacía de versos etéreos nomás
        (¡Oh! sí el público y los editores
        amasen esta bella Utopía...
        Todo sería una real vacuidad)
        Invisibles versos... desnudos
        y ataviados sólo de Luz
        De "Nadaísmo"...
        Y "Nadidad"... (1)

-2-
Ordinario y cósmico Espejo
¿estás mirándome?...
Te observo de frente
Te siento de soslayo
                    Me observas...
Y en tu faz rectángulovalada
nos miramos sin cesar...

Marchar... regresar... pasar
entre tantísima gente y árboles
y luces del "Down the river"
¡Qué lumbres qué son
las penumbras de Londres!

La gente... Las personas
(¿Espejos de Dios y los dioses?)
Nuestra inmensa hermandad

                    ¡El gran público!
aquella universal audiencia...
Espejos y espejismos
que apenas si me miran
aunque me reflejan...
Así nos reflejamos y reflexionamos
nos amamos y nos perdonamos

                    Se acaba el pan de cada día
                    y el negro té se resfría... Pido
                    a la camarera leche de soya
                    carne vegetariana o cadavérica
                         Pero... ¡sin hormonas!

¡Oiga usted señorita!: Me sirva orgánico
y calientito...Y se abstenga usted
de mostrarme sus piernas de diva
¡Por el amor de Dios!

Abrázame espejo con abrazo humano
que apenas sea de arcilla o cristal...
(para no mirar tan sólo nuestra soledad)
Fuerte abrázame y sonríe
(No hagas caso de las pausas
de mis llanto-carcajadas...
¡Oh cascadas que no puedo contener!)

Abracémonos y besémonos nomás
que todos pasan... pasan... nada más
En su prisa británica no observan
mis ojos ni mis pasos exhaustos
 Caminando... Cavilando... Reandando
¿Como nunca antes sucedió?

"Caminante y cantautor del Sendero…
No habría caminos caídos del cielo
Al andar y cantar se los va haciendo"

Por ello el Poeta decide:
Andar cantar desandar…
entre las huellas humanas
y el frío de Clapham y Richmond
Por ello ha de ser
que te miro y remiro
Ya que al hacerlo así
me observo yo mismo
viviendo entre miles
de ojos y astros y pasos
llenos de infinitos senderos…

Pausa…
(¿Para mirar las piedras y espejos y vacíos?…
¿Y los versos y esperanzas de este largo camino
hecho de muchos otros caminos?)

-3-
Hoy me muestras un Poeta
meditando en tus reflejos…
                          Pensad
que la Poesía y acaso la Pintura
pueden ser hechas y deshechas
de vacíos… Pausas… Y silencios…

¿El poeta es acaso poesía hecha
de órfico delirio y silencios?

(Inclusive en su grito desgarrado
hay mutismo… y… silencio
En sus pausas y mutismos doloridos
hay amores heridos en silencio)
                          De otra forma…
que nos lo explique el buen Dr Warth:
¿Charles… Christian?… ¡Sí! el mismo
estético galeno enamorado
de los *Non finitos* de Miguel Angel
y del *Naught-ism* de Bacon…
El que anduvo en Perú:
                   "I went to see
                   another freedom…
                   I was another doctor
                   in Lima and Cuzco
                   I believe I was
                   a gringo shaman
                   in the Inca land…"

Me confiesa el que transfigura fealdades
de los que fueron bellos "érase una vez"
En su casa-galería de Kew Gardens
y en los malheridos hospitales…
Con su ángel-demonio quirúrgico
y el humanismo de su personalidad

Pausa...
(¿Hagamos una pausa querido Doctor?...
Sí hagamos una vasta como el buen Amor...
El silencio de silencios más excelso...Y meditemos
en el fuego y cenizas de todos los recuerdos...
¡Hagámosla! ¿Por cuánto tiempo buen Dolor?...)

-4-
"¡Espejito espejito poemático!"
"¡Y espejismos planetarios!"
¿Eres tú el reflejo que deseo?:
Grande incierto o pequeñito
¡Qué disfraz y careta de cristal!

        Noticia urgentísima!!!:
        Entre ilusiones y realidades…
    ¿Es el "The Mirror" o el "The Times"
recordándonos el *caosmos* de este día?:
      "Unos escarabajos dialogan sobre
    el raro sueño-nirvana de George
el que aún canta canciones de cuna
para el dulcísimo Señor Krishna…"

"Pues no deseo victoria Hare Krishna
Tampoco reinos ni placeres…
¿Qué es reino para nosotros Hare Rama?
¿Qué un deleite o incluso vida?..." (2)

Hare Buda… Hare Cristo…
¡Hare hare chamán de mi pueblo!
!Hare hare poetas y creadores!
¡Hare hare anónimos
Chéguevaras y Jesuses!
¡Hare hare plenitud y vacío!…

Que alguien abra y lea las pieles
de un viejo periódico de hoy día…
Que se abran los *leit motiv* de las noticias
como flores y ondinas virginales
¡Qué se abran carajudo coraje!

¡ABRACADABRA!
Que se abran...
¡SÉSAMO! ¡SÉSAME!
Que se abran...

¿Soñaba yo con espejismos
cuando Diana se murió?
No ella no quiso morir... Sólo dormir
deshojando rosas y margaritas
o reescribiendo cartas de amor
para su monárquica tristeza...
¿Será qué sólo duerme y sueña
o qué nunca se murió como los mortales?
(Alá piensa que ella aún sonríe con los
niños y los pobres... en algún cielo búdico)

¿Todavía caza mariposas y esperanzas
entre humanos y divinidades?
                              Alguien...
de la "Taverna 21" nos relata:
"¿Qué pasaría si la princesa solitaria y
solidaria habría escrito versos del alma?"

¡Pausa por favor!...
(Para que el Poeta seque sus lágrimas de poetisa...
Y se ponga una máscara para reír con ésta...
Para llorar y reír con los labios y los ojos de ella...)

-5-
Te observo de frente
me observas de soslayo…
En la otredad de tu reflejo
miro: a aquel que es yo mismo
(probablemente el sin nombre)
A tu anatomía de vidrio
junto mis labios para besar
los otros míos… Y así
los rosados labios
de la que amo tanto…
¿Crees qué ella todavía
me *amó*?… ¿Y me amará
sin pedirme nada a cambio?

¡Ay ansioso fuego de azar!
¿Apagarás esta lira de vida y cristal?

¿Pausa o Nota?
(Media pausa… Media nota melodiosa…
Grande o pequeña sonoridad silenciosa…)

Para preguntar: si Sócrates y Platón
comprenderían estos cánticos sin tiempo…
Con que Diógenes y el buen Chamán
de mi tierra lo hagan estaré contento:
("Fiuuu…Fuiii…Fiuuu…Fuiii…")
¡Qué bonitos eran los silbidos de las *Wakas*…
De los cóndores y los niños andinos
de la bella *Pachamama* del Perú! (3)
("Fuiii…Fiuuu…Fuiii…Fiuuu…")

¡Qué mágicoreales cantos escucho aún!

-6-
En tu espacio y tiempo detenido
semi ovocuadrángular e informe
puedo entrever muchos rostros
delante y detrás de los míos
(¡Cuán infinitos son ellos!)
Conocidos… perdidos… desconocidos
¡Por cada rostro mío veo y
reflejo cientos de los vuestros!

Faces y caretas llenas redivivas
Y quién sabe medio muertas…
Filas y colas repletas de
más máscaras y miradas…

(Algunas sonríen de pena y pasión
como los de mi madre
y la Mona Lisa lo hacen...
¡Sí! cómo estas 2 musas en 1
tan sólo lo saben hacer!

Espejo-Espejismo: teatro del mundo
No seas sólo ovoide ni cuadrado
ni seas un objeto cualquiera
Sé más que aquello...
Universo reflejando vida
y dimensión donde observo:
la humanidad que se arropa
la divinidad que se desnuda
con mis versos y mis ropas...

¿Será qué así entreveremos mejor
los ethos y los pathos
y los caminos estéticos...
de nuestra tragicómica existencia?

Pausa...

(¿ N... e... c... e... s... a... r... i... a ?)

-7-

Mirémonos humano Espejo
uno al otro mirémonos…
Reflexionando y especulando
sobre la extraña hermosura
de nuestra carne ontológica
Haciéndonos al mar del amor…
Llorando de dolor pasional
entre sábanas de
impermanencia e ilusión…

¡Vamos señoras y señores!
Mejor hagamos una pausa…
Una enorme y bonita……
Por el fin y comienzo de este
antiguo Año Nuevo conformado
de arbolillos navideños
de panetones y de sueños
pacifistas en tiempos guerreros
(¡Entre odio y doble terrorismo!)

¿Por cuál aniversario?
Por el año que se cumple desde el primer
instante en que el madre-padre Universo
dio a luz a sus hijitos Versos…

¿Y la Pausa?...
(¡Ciertamente!... Para sentir que el Universo
es un vasto espejo hecho de finitos e infinitos...
que no deja de morir y renacer constantemente)

Rostro mío…Verdadero rostro
de todos nosotros:
No seas un espejo ni un
espejismo de carne solamente
Por favor: sé poema y libro de vida
que no cesa de reflexionar
y reflejar los sueños y esperanzas
de mis hermanos y hermanas…
¡Nuestros paradójicos Humanos!

-8-
Hacia el Mundo de espejos
nos marchamos…
cabalgando en el Amor
Somos Uno… Dos en Uno:
                Cuerpo y vacío
cristal y desnudez…
¿Somos todo un ser andrógino
navegando en el mar/amor de la pasión?

Afuera están los astros…
Las luces navideñas que vendrán
el Año Nuevo que pasará y pasará…
Todo –casi todo– se refleja
en los adentros del gran Espejo
(Vacuidad llena de silencios
y de ecos que no dejo de poetizar)
Menos… Mucho menos
las promesas del buen Amor…

Todo… casi todo se refleja:
Nuestros ojos y la noche estrellada
entre los dos: tú y yo
(entre la unicidad de los Dos)
Nuestros cuerpos tan exhaustos
y por siempre abrazados
a lo que llamamos: *"¡Ay Amor¡"*
¡Bienamado Cupido-Narciso no nos
dejes usar máscaras de odio por favor!

¿Otra pausa?…
(Solamente para observar nuestra belleza y fealdad…
Y mirar como continúa desnudándose y desnudándose
la desnuda desnudez…)

Mas ésto es sólo deses...pasión
¡Sí y No!: cuerpos y rostros
Ojos anegados de desesperación

Una parte del Andrógino
se viste y se va...
La otra parte se desviste
todavía más y más...
                Mientras caen
lágrimas de lluvia y cristal
sobre mares de esperanza...
De que un día la otra parte bienamada
volverá... Y ya nunca se irá

    ¡Maestro tocad música cósmica!
    Andina y popular...¡Tocadla por favor!
    La poesía y melodía del peruano vals:
    "Todos vuelven al lugar donde nacieron..."
    Verdaderamente...¿Todos volverán?

Incierta certidumbre:
Esperanzas como mariposas
y hojas verdisecas...
del Año Nuevo que ya vino
Es que siempre está pasando...
y regresando...
¡Me saludará este terco pasajero
y peregrino que no deja de pasar!

-9-

Me he puesto tu vestido fuego vivo
frente a este torso-espejo y
junto a ti… Prenda bella inolvidable
(¡2 colores en 1 vivo! ¡vivo!
¡Qué jamás ha de morir! ¡morir!)

En mi cuerpo-espejo te veo llegar
junto a mí… Tú en mí: ¿Mi Ser?
En mis ojos te refugias a llorar
llanto de amor imposible
Por el dolor de Romeo y Julieta
Y de *Ccoullur* y *Ollantay*…(4)
Por la pasión de los dorados
de tu cuerpo y tus cabellos
¡Cómo amo los colores de tu espíritu!

¿Pausa?…
(¡No! no haya pausa esta 1ra madrugada de Año Nuevo
de bengalas y penumbras detrás del Espejo… Y
De los entreactos en torno a mi canto quijotesco…)

¿Los versos de Federico y Walt
y de Safo y Rabindranath…
no se desnudan en vano?
¡Nadie ningún mortal o inmortal
se viste o desnuda en vano!
Nada fue… es o será en vano
(Mi cuerpo amado es un reflejo del tuyo
porque jamás te desnudabas en vano)

Perdonad el devaneo
de esta cacofonía metida
en la piel de mis versos

¡Oh seres de piel y cristal
que no se reflejan en vano!
¡Oh Luna lunera lunática
y desnuda sibila afuera!:
¿Eres espejo de la belleza solar
que en vano nunca se reflejará?…

-10-
Agradezcamos siempre
agradecer eternamente …
Por lo que se nos da y no
nos ha sido dado… Agradecer
por los regalos de la Vida
Afuera bulle la nieve
cual vasto y blanco espejismo
¡Oh página llena y vacía donde
la Vida escribe cantos eternos!

Prana-respiración… Medita-rezo
Cambio Ortodoxia Anquilosamiento
Cambio… Dialéctico intercambio
No escribamos ni respiremos
dogmáticos e inciertos poemarios

¿Pausa nota o llamada?…
(Para vestirnos de sedas y arcos iris…
Y respirar el nuevo aire/luz de la Poesía…)
Pausita… ¿Una pequeña o…?
Notita… Sólo una cortita…
Llamadita… Os ruego no tan chiquitica…

Página-Espejo-Poema:
Nieve y fuego de la Nueva Era
Vida reflejada en mis átomos
                           y en mis ojos
Y por ellos en los espejos que reflejan
los espectros inmortales
de todos los poetas
en este interludio en vela…

-11-

El Poeta mira como el Sol
pinta de dorado ensoñación
a los grises invernales de Inglaterra
(y los de El Dorado de América...)
¡Oh visión perdida en el Nosédónde!
Estos muros necesitan encanto
y colores sanadores ya que
son blancos desiertos...
 ¡por todas partes!

Espejo-Escenario poemático:
el Poeta se traviste con trajes nuevos
se adorna con lienzos y
poemas sin tiempo...
Para caricaturizar al Sr. Temor
 El Poeta renovado:
¡matará quemará y transmutará
este Miedo del cuerno!

Entre versos luces e inciensos...
Día de júbilo: ¡Qué poema son los
reflejos y reflexiones de este invierno!

Los *daimons* de la Poesía son buenos
Son ángeles–duendes al mismo tiempo...
Alecs (5) cayendo de los cielos andinos
para llenar el vacío de estos tiempos...

¡Pausa por favor!...
(Para inspirar los vientos y versos primordiales
de Machu Picchu... Y de Stonehenge también)

49

-12-
Entre el espejo y la ventana
se refleja otro gran Espejo…
El espejo de los seres y los astros
Así veo a las nubes y vientos
que van y vienen de mi Continente

Espejo-Ventana: akashico reflejo
¡Muéstrame a América-Amoria
y la tierra que me vio nacer!:
Cajamarca de *Atahualpa* y
los *"viracochas"* españoles…
Trujillo de las pirámides *mochicas*
En mis sueños nacen y renacen
Los adobes de *Chan-Chan*… (6)

¡Oh si las piedras colosales
del Cuzco hablaran!
Nos contarían la historia perdida
de sus raíces humanas...
Labriegos y obreros y mamas:
¿Vendrán los viejos *Amautas*
y nuevos *Quipucamayocs* (7)
a reconocerse en mis ojos
de lluvia y profecía?

¿Pausa en verso?...
(Apenas para musitar con el corazón:
"Entre los fríos inviernos de Londres...
me quema y alegra un Sol peruanísimo")

        Tan sólo paréntesis y descansos...
          intervalos e intermezzos...
         ¿Sólo estas frases-espacios
          y oasis de musicalidad...
           saben como hacer
         poesía ultra moderna?...
         ¿Y *poesis* andina también?

Qoyllúrpaj Inkan
Inti yayanchis
Chujchan mast'arin
Páypaj chakinman...(8)
(El rey de los astros / Y padre nuestro el Sol/
Extiende su cabellera/A los pies de El…)

Sol: soles de Yucatán y Potosí:
Espejo iluminado para este
mundo en que nacemos y nací…
¿En qué astro de mi "Caosmos" nace
y renace lo inmortal de la Poesía?
Sol del amor… Luz de la vida
'Bello dormido' en mi corazón
                Poetas y Poetisas:
aprendamos de la sinfónica natural…
Dejad a la lluvia a los árboles y vientos
ser cantautores de poesía también

Poetas del Sur de la Tierra:
Mirad los reflejos con mis ojos
Hablad y cantad con mi boca…
Amores de arcilla… Ilusiones baldías
Reflejos y reflexiones
hechas de Penitencia y Poesía…

-13-
Dios y Diosa… Dios-a:
¿El-la se revela
—exactamente como es—
reflejándose y reflexionando
en Nosotros espejos y
herederos de la Evolución
y de la Creatividad?

Cantan las aves liberadas
en los árboles y aires ansiosos:
"Si hay una deidad invisible
El o Ella debería de ser los
átomos de Justicia y Libertad…
Nunca estatuas o guerras santas"

    ¿Es Dios-a el Ser Humano más
    desinhibido de todo el Universo?

¿Pausa y paz?…
(Sí y no… Entre vacío y pacifismo espiritual
de sentir los reflejos… y reflexiones… e inspiraciones
de este poemario con ganas de eternidad…)

¿Por qué será que los Bardos inmortales
nos revelan sus espejos y visiones
en versículos de carne y hueso pensativo?
Nos sacude la poesía de Shakespeare
(y el maestro-musa detrás de ella)
¡Y los Otros los demás!…
Mortales e inmortales a la vez
Conocidos y anónimos: Vates…
Trovadores… Y *Haravecs* (9)

¿Y qué de la lírica y la épica de
Juan Walparrimachi Mayta...
y de la frescura de Nezahualcóyotl? (10)
¿Y los autores del gran 'Ollantay'
y del hermoso 'Popol Vuh'?... (11)
¿Qué fue y será de todos ellos? ¿Qué?

(Hacia atrás... Y adelante... Hasta Orfeo...
Hacia el primer poeta y poetisa chamán
de este Mundo-Espejo-Verbo escenario...)
Respóndeme amada Musa Andina:

¿La Poesía no tiene principio ni final?

¿La vida de afuera es la de adentro?:
"Como es arriba es y no abajo"
"Toda causa es madrastra de un efecto"
(Y bla... bla... bla... bla...)

Toda mirada es un espejo humano
Todo espejo es un libro abierto...
Un poema-profecía para ser revelado
desde los soliloquios de la Soledad...
Donde mis muchas voces y ojos
cóncavos y convexos se buscan
como nunca lo hicieron jamás...

Así descubro que apenas soy un
Ser Humano perdido y recuperado
Y un ángel dionisiaco
extraviado en mis propios
infiernos y laberintos poéticos
Así estoy descubriendo...
nuevos campos fértiles y baldíos

donde sembrar "Flores Pacificadoras"
(La Paz tan Humana y Necesaria)
Aunque haya frialdad en
invierno como en verano
(llamando a los campos dorados
de Bretaña… Y a los neo espejos
de la eterna Primavera)
Dentro y fuera de
este *caosmos* londinense…

Aún…

(Londres, inviernos del 2001 y el 2005)

And Other Poems

"To analyse the craft of putting feelings into words is, inevitably I think, to talk about poetry as divination, poetry as revelation of the self to the self, as the restoration of the culture to itself…" (Seamus Heaney)

Y otros poemas

"No puede haber poesía sin historia, pero la poesía no tiene otra misión que la de trasmutar la historia. Por lo tanto, la verdadera poesía revolucionaria es poesía apocalíptica…La poesía salta a lo desconocido, o ésta es nada…"
(Octavio Paz)

[traducido por el autor de la versión inglesa, del 'Preface' del *Anthology of Mexican Poetry* (Thames & Hudson, 1959)]

Tavern 21

    I
Am I drunk of pathos and poetry,
Perhaps?…
This world is a drunk beast,
Anyway…
Drowning itself in its own blood.
Anxious for more alcohol,
Murderous weapons and drugs.
Behind the nice scenery:
Each morning and night
This world, shatters
Our lives and dreams,
We hardly are able to dream.

Behind the nice scenery:
We are drunk animals,
And nothing more… Thus,

This world is a tavern,
Where everyone pretends
To be or not to be happy,
To have power, and have
Sex with the polite barman
And the tired waitress.

    II
Who is Esteban
Or Estefany?
Who are they?
Where does she or he live?
Where they live?
Maybe on the roof

Or in the cellar of
The famous Tavern 21.
Or far away from it?
Away from here…
In the suburbs
Where this world is
A tragicomic hospital.

Perhaps, she or he
Is a young child,
A poor mother of
The so unfair called:
"3rd and 4th worlds"…
A homeless person
Or a drug addict…
All of them expelled
From the nice Tavern 21.

III
What's the Tavern 21,
Or 12, or 2001?
What really does it mean?
It is in fact
A tangible reality
–Not easy to explain–,
Scattered in our dreams,
And walking on a delusive
Single legged world…

Shall we stop the crippled
and blinded animal,
Who is playing with toys
Stuffed with nuclear weapons
And mined lands?

Shall we ever do it?

Meanwhile, gentle humans
–Even aliens– are warning us.
But, it's difficult to be heard,
In the hospitals and parliaments
Of the pretty Tavern 21... (London, November 1997)

Taverna 21

I
¿Estoy borracha de pathos y poesía,
Quizás?...
Este mundo es una bestia borracha,
Sin más...
Que se ahoga en su propia sangre.
Ansiosa de más drogas, alcohol,
Y armas para asesinar...
Detrás del bello escenario,
Cada mañana y cada noche,
Este mundo hace añicos
Nuestras vidas y sueños,
Que apenas logramos soñar.

Detrás del bello escenario:
Somos animales borrachos,
Y nada más... Así,

Este mundo es una taverna,
Donde cada uno pretende
Ser o no ser feliz,
Que tiene poder, y sexo
Con la cansada camarera
Y el educado barman...

-II-
¿Quién es Esteban
O Estefany?...
¿Quiénes son ellos?
¿Dónde vive él, o ella?

¿Dónde vivirán?...
Tal vez, sobre el
Techo o en el sótano de
La famosa Taverna 21,
O lejos de allí...
Entre los suburbios,
Donde este mundo es
Un tragicómico hospital.

Quien sabe, ella o él
Es un joven niño,
O una pobre madre
De los mal llamados
3er y 4to mundos...
Una persona sin casa,
O un drogadicto...
Todos ellos expulsados
De la maja Taverna 21.

-III-
¿Qué es la Taverna 21,
12, ó 2001?...
¿Qué significa en verdad?
Seguramente, ella es
Una tangible realidad
–No fácil de explicar–,
Diluida en nuestros sueños,
Y andando en un sistema
Ilusorio de un solo pie...

¿Detendremos al paticojo
Y enceguecido animal,
Quien juega con juguetes
Llenos de armas nucleares
Y minas para matar?...
¿Lo haremos, alguna vez?

Entre tanto, buenos humanos
–Y hasta ETs–, nos alertan.
Pero es difícil ser oídos en
Los hospitales y parlamentos
De la guapa Taverna 21...

Tres Haiku
    1
Sangha otoñal:
Entre meditadores y estrellas,
Sindra, aparece ante mí.
    2
Final de setiembre:
Ella decide conocer
Mi sensitivo ser.
    3
Pájaros y hojas caídas:
Su hermosura sueña
En mi dormir...

                  (Londres, 23-9-2003)

Three Haiku
     1
Autumnal *Sangha:*
Among stars and meditators,
Sindra, appears to me…
     2
End of September:
She decides to know,
My sentient being…
     3
Birds and falling leaves:
Her beauty is sleeping,
In my dreams…

Yo sé…
No es fácil, la poesía.
Lo sé. Lo sé…

Aunque, también sé,
Que no es imposible la poesía.
La intuí, hace poco,
Hace mucho, como ahora,
La intuyo siempre.
Lo sé. Lo sé…

La vi volar, en mi mente dormida;
En su corcel plateado, volaba.
Y era qué bella. Humana
Y divina belleza.
Lo sé. Lo sé…

No es fácil, la poesía.
Lo sé. Lo sé…

I Know…
Poetry has never been easy,
I know. I know…

Though, I also know that
Poetry isn't impossible after all.
I had this intuition, recently,
And long ago, as now,
I always have it.
I know. I know…

I saw her flying in my sleeping mind.
On her silvery horse she flew,
And she was beautiful. Human
And divine beauty.
I know. I know…

Poetry has never been easy,
I know. I know…

Río Poético…
–Para T. A.
Verde y dorado el día.
¡Tú, nuevo día de Devon!
Dejad que el Río de la Poesía,
Discurra por mi alma herida.
     ¡Dejadlo! ¡Dejadlo!
Dejadme solo también,
Trepad por la Tierra de Babel,
Hecho de flores y espinas,
En el jardín del amor y soledad.

Dejadme solo, con mi sueño
Difícil, mas no imposible.
   ¡Lo sé! ¡Lo sé!
Y solo, y dormido, y envuelto
En palabras y molinos
   Dorados y verdes…
Contadme, el cómo, el por qué,
Del vasto Río de la Poesía.
Del puente… El puente de
La humana y celeste torre,
Que me ayudará a cruzar…

Poetical River…
      –*For T. A.*
Golden and green this day
You, Devon's new daylight!
Let the River of Poetry flow
Through my wounded soul.
   Let's do it! Let's do it!
And leave me alone as well,
To climb up the Babel Land,
Made of flowers and thorns,
In the garden of love and solitude.

Leave me alone, with my difficult,
Though, not impossible dream!
   I know it! I know it!
Alone, sleepy, and wrapped
In golden and green words
   And windmills…
Tell me, please: the how,

The why of the River of Poetry.
Of the bridge... The bridge of
The human and celestial tower,
In order to cross it...

Manifiesto
Dada las circunstancias,
Querido Poeta...
Dada las circunstancias:
Abraza el amor,
Y no el odio...
La tinta; no la sangre.
¡Y, escribe, poeta!:
Cartas de amor,
Para los niños del planeta.
Poemas de perdón,
Para los que aman de veras.
Como Darío y Vallejo
(Búhos y quetzales,
Amigos del Gran Cisne.)
Como la lluvia y el sol,
Cayendo en la verde vida.
Ojos de búho, cantos de cisne,
La humana poesía,
Busca una nueva Musa
(Más humana, más andina)
¿Dónde está ella? Decidme,
Leda, Birgit, o tú, Rosenda:
¿Dónde está ella, ahora?

"Puede que… en la muy antigua,
O… en la poesía futurista."
Bromea, la Antipoesía.

Dada las circunstancias,
Querido Poeta…
Dada las circunstancias:
Haz el amor y la paz;
Ya no la guerra…
¡Y escribe poeta, escribe!
Versos y universos,
Éticos y estéticos.

Manifesto
Given the circumstances,
Dear Poet…
Given the circumstances:
Embrace love,
And not hatred.
Ink, and not blood.
And write, Poet!:
Letters of love for
The children of this planet.
Poems of forgiveness
For those who truly love.
Like Darío and Vallejo did
(Owl and quetzal birds,
Friends of the Great Swan.)
Like the rain and the sun do,
Falling down on the green life.
Owl's vision, swan's tunes,
Human poetry,
Is searching for a new Muse

(More humane. Andean also)
Where's she? Please, tell me
Leda, Birgit, or you, Rosenda:
Where is she nowadays?

"May be… in the very old,
Or… in the futuristic poetry".
Anti-poetry, jokes to me.

Given the circumstances,
Dear Poet…
Make love and peace,
Not war anymore…
And write, Poet, write!:
Ethic and aesthetic
Worlds made of words.

La Pampa y la Puna
Enhiesta, la jornada…
Cuesta arriba, cuesta abajo.
Esos niños de las pampas,
Se hacen hombres y mujeres de la vida,
En los Andes. De las raíces
De la vida, para las flores de la vida.
Pampa y puna se miran y se tocan
En el vientre de la Pachamama.
Niño echado, niño enhiesto,
Hijos geopolíticos de la Tierra.

Sois la casa inmensa,
Para millones de humanos
(Como arena de mar o luz estelar).

Allí viven, allí vivimos,
Campesinos, hortelanos, zapateros;
Estudiantes y analfabetos.
Anónimos músicos y poetas;
Amas de casa, como Dianas o
Marías, con sus sueños y sus niños.
Mar Pacífico y ardiente Amazonía,
Nos acercan y separan al unísono.
Allí siembran y cosechan,
Los "Agricultores del Infinito"…
Quinoa, trigo, papa y cebada;
¡Y el sacro "Maíz de los dioses"!
Allí sembramos y cosechamos,
Injusticias y sufrimientos,
Nuevos sueños y viejas esperanzas.

Enhiesta, la jornada…
Cuesta arriba, cuesta abajo.
La Pampa y la Puna,
Son hermanos y rivales,
Al mismo tiempo…
Están unidos y desunidos.
Hablan cientos de dialectos,
Tienen agendas similares
Y, acaso, divergentes…
Que Amaru y Bolívar,
Apenas las comprenderían.

The Valley And The Andes
Upright is the journey,
Slope up, slope down...
Those children of the valleys,
Become life's men and women
On the Andes. From the roots
Of life, to the flowers of life,
Valleys and mountains
Look and touch each other,
In the womb of Pachamama.
Resting child, upright child,
Geopolitical children of the Earth.

You are a vast homeland
For millions of human beings
(Like sea sand or stellar light)
There they live, there we live:
Peasants, farmers, shoemakers;
Students and illiterates.
Anonymous poets and musicians,
And housewives, like Dianas or
Marias, with their children and dreams.
Pacific ocean and passional
Amazonian forest, embrace and
Separate us, at the same time.
There, the 'Farmers of the Infinite',
Are planting and harvesting,
Quinoa, wheat, potato and barley,
And the sacred 'Corn of the gods'!
There, we sow and reap,
Injustice and sufferings,
Old hopes and new dreams.

The journey is upright;
Slope up, slope down…
Valleys and mountains
Are relatives, and rivals too.
United and separated:
Hundreds of tongues they speak;
Differing and similar agendas they have.
Which, Amaru and Bolivar,
Hardly would understand.

"SpanEnglish"
I know Sir, I know Madam,
I know Ladies and Gents.
I know. Lo sé. I know!
My English isn't good enough
To write and perform poetry.

My tongue is Español peruano,
I mean, Castellano from Spain.
I know, I can't write great poetry,
In pretty and polished English;
But, my passion is stronger than it.
I mean, más fuerte, than me!

Cervantes and Inca Garcilaso,
Are already in me. I know. Lo sé.
But now, Walcott and Heaney,
And all the poets, amigos!
Brotherhood of poets, hermanos!
Those who write in English,
And those, who don't…

Write in your beautiful tongues,
Poems of life and love!

I know, I can't write and
Perform good poetry in English;
Pero sí puedo! I could! I can!
In Spanish and English.
I actually mean: "SpanEnglish."
Pretendo decir: "Espaninglish."

Quest...
I ask them, all of them:
Poets and performers,
Comedians and versifiers...
In "The Enterprise"
Of Chalk Farm, or
In the Battersea's "BAC",
And all lyricomic stages,
Of this London's universe.

What poetry really is?

Me pregunto en vosotros...
I enquire myself in yourselves.
In these two languages,
In these many tongues of mine!
Is poetry music, and silence too?
¿Música y silencio...
Es la poesía también?
Healer of our souls, she is...
Muteness and melody!

¿Qué es la poesía, en verdad?

After a poetic interlude,
After a cathartic emptiness…
All of them: poets and versifiers,
Comedians and performers,
Sing for me. ¿Cantan para mí?
Nursery rhymes and ballads;
Histrionic & New Historicist poesy
Only for me. ¿Sólo para mí?   (17-3-04)

Dark Beauty
Why, soul of mine?
Why colourless soul, she is
Close and far away from me?
She's gone, but remains,
In these lines and thoughts…
In these unpronounced words
And pronounced love
Of mine…

Dark beauty, as fragrant
As this English tea,
I am imbibing in this café…
Is the belle from Africa, or
The Caribbean? I inquire
To my rainbow-like passion.
But, she's already gone…
Where she came from, oh God!
If she is a feminine goddess,
Is she part of my self?   (25-3-04)

Belleza morena
¿Por qué, alma mía?
¿Por qué, alma desteñida,
Ella está cerca y lejos de mí?
Ella se fue… Mas persiste
En estas líneas y pensamientos;
En estos versos impronunciables
Y este pronunciable
Amor mío…

Belleza morena, tan fresca
Como este té inglés,
Que libo en este café …
¿Es la bella africana, o
Acaso, caribeña? Pregunto
A mi pasión de arco iris.
Pero, ella ya se fue…
¡De dónde ha venido, por Dios!
Si ella es una diosa femenina,
¿Es también parte de mi ser?

Being Human
You, most sacred
And difficult art
Of the human existence:
What is being, and
Also, not being human?
Being, not being, and non-being;
Are part of me, and are not,
At this very moment?
I only know, I am human.

Just a Human Being. And,
I love my humanness in the world,
My oneness with these words...
Being one with the floras and faunas,
And being the names of them.

The exact names of all beings and things!

Being the clouds and the hills,
The conflicts, and also peace.
Being empty, so we may
Be filled only with love...
And everything, and nothing too.
Being compassionate and forgiving,
Among these wonders of Wales
(Celtic and Andean souvenirs,
For my poetic nostalgia);
With this bucolic existence,
And poetic non-existence.
And still, a Human Being.
Just human... And humane.
     (Snowdonia, 17-4-2004)

Siendo humano
Tú, el más sagrado
Y difícil arte
De la humana existencia:
¿Qué es ser, y no ser
un ser humano también?...
Ser, no ser, y no-ser,
¿Son parte de mí, y no,
En este mismo instante?
Sólo sé que soy humano;

Apenas, Ser Humano. Y amo,
Mi humanidad en este universo,
Mi unicidad con estos versos…
Ser uno con la flora y la fauna,
Y ser los nombres de ellos.

¡El nombre exacto de los seres y cosas!

Ser las nubes y colinas;
La paz, y las reyertas.
Estar vacío, para que así,
Nos colmen sólo de amor…
Lleno de todo y nada también.
Ser perdón y compasión,
Con la belleza de Gales
(Souvenirs celtas y andinos,
Para esta nostalgia poética);
Con esta bucólica existencia,
Y no-existencia poética.
Y todavía, un Ser Humano.
Humano… Más humano.

Reflejos
¿Quién nos dicta estos versos que afloran
Desde el manantial de vida y poesía?
*"No dejaremos de amar
el cielo púrpura de 'Amoria' …"*
*"Cerca de nosotros vive la ansiedad,
Y, lo insondable de la soledad…"*
¿Es el cielo la humana ansiedad,
O tal vez, la celeste soledad?
Planetas y estrellas de ansiedad.

Luz, hecha de sombras: la soledad.
¿Quién es la ama y la obrera
De nuestras *Ars poeticas*?
Maestra-musa, es mi alma poética,
Y aquellos duendes telúricos,
De nuestros pueblos poéticos.
Alma mía: universal y andina;
Pueblo: espejo mío y ajeno,
Donde la poesía, embellece los
Rostros de la Fealdad, cada día.

Manantial de versos y reflejos,
Hechos de agua ¡viva, rediviva!,
Que aflora de improviso, y se mira
En mi espíritu, cual Narciso…
Aguas, donde cisnes náufragos,
Salvan niños tristes y amantes suicidas.
Donde una madre peruana, me
Recita versos de Safo y Gabriela,
Como una inmortal poetisa…

¿Quién nos inspira este poema, entre
Verdes y dorados del Brockwell Park?
En este reencontrado zoológico y
Paraíso para mí… ¡Donde aves
Y flores forman sinfonía universal!
(Donde Blake, aún habla con los
Angeles sobre humana poesía…
Y Shakespeare, es el gran espejo
De nuestras pasiones y fantasías)
¿Quién nos dicta y nos regala
Este *bardic* pan de cada día? Sino,
Las voces infinitas de la poesía…
Los pájaros ansiosos y seres solitarios,

Que van y vienen, por los verdes
Oropelados, y cielos púrpuras...
Y se bañan y se miran en las
Aguas y reflejos de la vida,
Transformada en humana poesía.   (24-4-04)

Reflections
Who inspires us these verses, emerging
From the springs of poetry and life?
"We shall carry on loving
The 'Amoria's purple sky ..."
"Close to us, lives anxiety...
And the mystery of solitude ... "
Is the sky our human anxiety,
Or perhaps, celestial solitude?
Planets and stars full of anxiety;
Light, made of shadows, is solitude.
Who is the mistress and maker
Of our *Ars Poeticas*?...
Master-muse, is my poetic soul,
And the telluric *duendes* (12)
Of our people's poetry ...
Soul of mine: Andean and universal;
People: mirror of mine, and of others;
Where poetry embellishes the
Faces of Ugliness, everyday.

Spring of verses and reflections,
Made of vital, risen waters!
Which suddenly emerges, looking
At itself, like Narcissus, in my soul.
Waters, where sunken swans,
Rescue sad children and suicidal lovers.

And a Peruvian mother, sings for me,
Sappho's and Gabriela's verses,
Like an immortal poetess…

Who inspires us this poem, among
Golden greens in the Brockwell Park?
In the Brockwell garden-zoo…
And regained paradise for myself.
Where birds and flowers are cosmic symphony!
(Where Blake, is still talking
To angels, about human poesy…
And Shakespeare, is the vast
Mirror of our passions and fantasies)
Who inspires and provides us,
Our bardic daily bread? If not,
the countless voices of poetry…
The anxious birds and lonely beings,
Who walk and move across
The many greens and purple skies.
And they bathe and see themselves,
In the waters and reflections
Of life… Which is always
Transforming into human poetry.

Illumination
I'm reading Walt Whitman
Inside the Saatchi Gallery's
Anti-artistic labyrinth…
What a bizarre illumination
Is this pagan pilgrimage!

What's art Walt, anyway?
What's this *Capella Sistina*
Full of oddity and question marks?
Naughty mixture of pathos-poetry
And counter-poetry, I hardly explain.
As I am meeting the Irreverent,
Were you an irreverent, dear Walt?

Everybody has an irreverent
Saint or villain, anyway…
Underneath their blankets,
Fears and sexual drives.
Far beyond our nice brains,
To the atoms and the stars,
There is a universe of
Eccentricity and irreverence,
We cannot understand yet.

Cheers! for the unruly muse, Walt.
For the Stripper, irreverent girl!   (13-5-2004)

Iluminación
Leo a Walt Whitman
En el laberinto antiartístico
De la Saatchi Gallery…
¡Qué extraña iluminación,
Este pagano peregrinaje!

¿Qué es arte, querido Walt?
¿Qué es esta *Capella Sistina*,
Llena de interrogantes y excentricidad?
Jodida mezcla de pathos-poesía

Y contra-poesía, difícil de explicar.
Si hoy encuentro lo Irreverente,
¿Fuiste tú un irreverente, Walt?

Cada uno lleva un santo
O un villano, claro está…
Debajo nuestras sábanas, miedos
Y ganas sexuales. Más allá,
De nuestros lindos cerebros,
De los átomos y los astros,
Hay un universo lleno de
Irreverencia y excentricidad,
Que aún nos cuesta explicar.

¡Salud por la Striptisera de lo Irreverente!
¡Por la díscola musa, querido Walt!

Elegía
            I
Hasta que amanezca,
Amada mía…
Hasta que amanezca,
Miraré tus ojos bellos,
Soñando con los míos.
Leyéndote los inmortales
versos de Rumi y Petrarca.
Escribiendo elegías y llorando
Por los niños de Beslan.

¡Han matado a los amados de
Akhmatova y Mandelstam!
Ellos, la inocencia ultrajada;
Ellos, la vergüenza infinita,
De unos cobardes, ignorantes
De su propia inhumanidad.
¡Ay, amada mía!...
¿Cuánto sufren y mueren
Los amados niños de Beslan?
Los infortunados de un mundo,
Todavía lleno de cruces,
Y tumbas de odio, y cruces...

    II
Si el Dante despertara
De su sueño inmortal...
Le pediría que escriba
Una Nueva Comedia,
Más humana, más divina.
Que me lea unos cantos
De su Paraíso, para
Este infierno posmoderno.
Que cantemos unos versos
De mis Flores Pacificadoras,
Si no es mucha molestia...
No sé si Beatriz resucitaría
Con la *"Nuova Poesia"*...
Sólo sé que necesitamos tantas
Lauras y Amores...
Paces y Beatrices, para
Los terror(ismos) de estos días.   (London, 8-9-04)

Elegy

I

Until the new dawn,
My beloved one…
Until the new day arrives,
I will observe your eyes
Dreaming with those of mine.
Reading for you the immortal
Verses of Rumi and Petrarch,
Writing elegies, and mourning
The beloved children of Beslam:
Have been killed Mandelstam's
And Akhmatova's dear ones!
They, the innocence defiled;
They, the unending shame,
For some cowards, ignorant
Of their own inhumanity…
Ah, dearest of mine!
How much, the beloved children
Of Beslam, have suffered today?
Those unfortunate, in a world,
Still crowded with crosses,
And tombs of hatred, and crosses…

II

If Dante awoke
From his immortal dream…
I'd ask him to write
A New Comedy, though
More humane and divine.
To read for me, some cantos
From his lovely Paradise,
For this post-modern Hell.

To sing together, some verses
From my Pacifier Flowers,
If it does not bother him...
I don't know if Beatrice would
Rise with the *"Poesia Nuova"*.
I just know, we need as many
Lauras and Amores...
Peaces and Beatrices,
For the terror(isms) of these days.

Leyendo a Kierkegaard
¡Qué filosofía ni filosofía!
Día de espejos y golondrinas:
Se hacen agua con el agua,
Y cielo con el cielo...
Espejos acuosos, donde
El mundo se hace uno.
Y se mira... Y en mis ojos,
Es charco de agua sagrada.

¡Qué filosofía ni filosofía!
Golondrinas del recuerdo...
Que se bañan en pleno vuelo,
En los ríos de mi alma.

¡Lo que es la poesía!
Golondrinas y espejos del amor,
¡Lo que es la poesía!...
                    (Battersea, 1-9-2004)

Reading Kierkegaard
Let's not philosophise
                For a while!
Day of mirrors and swallow birds:
They become one with the water,
And also one with the sky…
Watery mirrors, where
Nature is looking at itself
As one. And in my eyes,
It is a sacred pool.

Let's not philosophise
                For a while!
Swallows of memory…
Swimming as they fly,
In the rivers of my soul.

What poetry really is!,
Swallows and mirrors of love,
What poetry really is!…

Notes

(1) "Nadaísmo" from Spanish, *nada*, an Existentialist poetic movement in Colombia during the '70s. "Nadidad", could be a sort of neologism, antonym of *totalidad*. "Nought-ism", may be the closest English word to "Nadaísmo & Nadidad."

(2) Extracted and adapted from the Hindu epic *Bhagavad Gita*.

(3) Quechua words meaning "god-sacred site", and "Mother Earth", respectively. Pachamama is also a symbol of the trilogy of the "Andean Muse".

(4) Quechua names, from the Inca tragedy, "Ollantay", written, or perhaps re-written, during colonial times, in Peru.

(5) *Alec,* a Mochica name, meaning "god" and "chief".

(6) Atahualpa, the last Inka, executed in Cajamarca, in 1533. "*Viracochas*" (a mistaken name for the Spanish conquerors), comes from *Wiracocha*, the white "prophet-god" who used to live and teach in the Andes, in ancient times. The Mochica or Muchic pre-Columbian culture, flourished in northern Peru, with its capital city, Chan-Chan, in modern Trujillo, Peru.

(7) *Amauta*, "wise teacher". *Quipucamayoc,* "keeper-reader of the quipu", a sort of mnemonic aid; an array of coloured knotted cords, in Inka language and times.

(8) Quechua verses, quoted from don Jesús Lara's (Bolivia, 1898–1980) important book, *La literatura de los quechuas* (La Paz, 1993.)

(9) *Haravec* or *Arawij*, a "poet"or popular troubadour, during Inca times.

(10) Juan Walparrimachi Mayta, a Quechua poet and liberator fighter during the Independence of Alto Perú-Bolivia. He was

born in Potosí, in 1793, and died in battle, in 1814. And the Aztec-Nahuatl king and poet, Nezahualcóyotl, was born in 1402, and died in 1472, in Mexico. Both of them used to be outstanding poets in their respective languages.

(11) "Ollantay" is an Inca love story, a Quechua tragedy from colonial times. "Popol Vuh", or the "Book of the people", is the written collection of sacred myths and legends of the Maya-Quiché, from Mexico and Guatemala.

(12) *Duende*, in Spanish is the "spirit and spirits of the earth" basically, but it means several other things: fairies, gnomes, and in poetry is related particularly to popular folk poetry. It was used and explained broadly by Federico García Lorca and Nicolás Guillén, among others.

www.ingramcontent.com/pod-product-compliance
Lightning Source LLC
Chambersburg PA
CBHW031200090426
42736CB00009B/747